Cânticos à Glória do Senhor

Walter Weiszflog – barítono organista – **Selma Asprino**

Alessandro Greccho – tenor: solo ■ / dueto ▲

Francesco Cavalli (1602-1676)		
1. Cantate Domino et Exultate	3:49	BR-MR9-08-00001
Abbé Maximilian Stadler (1748-1833)		
2. Gott ist mein Hirt (salmo 23)	2:22	BR-MR9-08-00002
Carl Loewe (1796-1869)		
3.Wie gross ist des Allmächt'gen Güte! (Ch. Friedrich Gellert)	2:50	BR-MR9-08-00003
4. Jünglings Gebet (Friedrich Rückert) ■	2:19	BR-MR9-08-00004
Franz Schubert (1797-1828)		
5. Gott im Frühling (Johan Peter Uz) ■	2:16	BR-MR9-08-00005
6. Die Gestirne (Friedrich Gottlieb Klopstock)	2:43	BR-MR9-08-00006
Felix Mendelssohn (1809-1847)		
7. Sonntagsmorgen op. 77 nº 1 (Ludwig Uhland) ▲	2:36	BR-MR9-08-00007
8. Doch der Herr, er leitet op. 112 nº 1 (salmo 25) ■	2:17	BR-MR9-08-00008
9. Der du die Menschen lässest sterben op. 112 nº 2 (salmo 90)	3:09	BR-MR9-08-00009
Robert Schumann (1810-1856)		
10. Talismane op. 25 nº 8 (Goethe)	2:00	BR-MR9-08-00010
Franz Abt (1819-1885)		
11. Der Sonntag op. 132 (anônimo) ▲	2:45	BR-MR9-08-00013

Anton Rubinstein (1829-1894)

12. Der Engel (anônimo) ▲ 2:49 BR-MR9-08-00014

Charles Gounod (1818-1893)

13. D'un Coeur qui t'aime (Racine) ▲ 4:16 BR-MR9-08-00011

14. Invocation (O. Pradère) 3:08 BR-MR9-08-00012

Camille Saint-Saëns (1835-1921)

15. Deus Abraham 2:58 BR-MR9-08-00015

Josef Gabriel Rheinberger (1839-1901)

16. Herr, du mein Gott op. 128 nº 2
(Jesus Sirach 51, 13-17 e texto litúrgico) 5:17 BR-MR9-08-00016

Francesco Paolo Tosti (1846-1916)

17. Help me to Pray (Frederic E. Weatherly) 4:02 BR-MR9-08-00017

Ferdinand Hummel (1855-1928)

18. Halleluja! op. 73 (Felix Philippi) 3:01 BR-MR9-08-00018

Walter Courvoisier (1875-1931)

19. Ich stürbe gern aus Minne
(Mechthild von Magdeburg) 2:20 BR-MR9-08-00019

20. Gott, Herr, ohn' allen Anfang Gott!
(Meister Friedrich von Sunenburg) 2:25 BR-MR9-08-00020

21. Ruhe in Gott (Joseph von Eichendorff) 3:15 BR-MR9-08-00021

22. Aufblick (Joseph von Eichendorff) 1:18 BR-MR9-08-00022

Nota: todas as obras são de domínio público.

Cânticos à Glória do Senhor

Quando se fala em música sacra, vêm à mente da maioria das pessoas as grandes obras corais com acompanhamento de orquestra, como as grandes *Missas* de Haydn e Mozart ou as encantadoras cantatas de Bach. Talvez alguns apreciadores de música de concerto se lembrem do maravilhoso repertório sacro da alta polifonia européia, como as obras de Palestrina. Mas, com certeza, poucos pensarão no repertório sacro para voz solista. Esse repertório, que não é pequeno, vem sendo cuidadosamente pesquisado e gravado pelo barítono Walter Weiszflog, que com isso acrescenta um mérito à sua carreira: o da redescoberta de compositores de grande inspiração que estão imerecidamente esquecidos.

Anton Rubinstein, Josef Gabriel Rheinberger e Carl Loewe são alguns desses artistas que aparecem neste álbum ao lado de mestres consagrados da canção, como Schubert, Schumann, Gounod e Tosti.

Esse trabalho vem sendo feito há tempos e materializou-se nos oito CDs lançados.

Desta vez, o tema escolhido foi o louvor à glória de Deus. Os *Cânticos à Glória do Senhor*, aqui organizados cronologicamente, nos dão um formidável panorama da evolução da música sacra européia mais intimista, desde o século XVII até a primeira metade do século XX.

A mais antiga peça deste álbum, *Cantate Domino et Exultate*, foi composta pelo italiano Francesco Cavalli, que viveu entre 1602 e 1676. Cavalli é lembrado hoje com freqüência pelo importantíssimo papel que teve no desenvolvimento da ópera italiana. Foi discípulo de Claudio Monteverdi e levou à frente o trabalho de seu mestre, ampliando as potencialidades dramáticas do gênero recém-criado.

Cavalli escreveu mais de quarenta óperas e fez sucesso também na França, onde esteve por duas vezes, numa das quais para acompanhar a montagem de uma de suas obras, durante as festividades do casamento de Luís XIV.

Sua importância no campo da música sacra, porém, não deve ser subestimada. Comparadas com sua produção dramática, suas obras sacras são em menor número. Contudo, estudiosos acreditam que Cavalli produziu música sacra constantemente durante sua vida, mas apenas uma pequena parte dela chegou até nós. Vivendo em Veneza, Cavalli seguiu a tradição da música sacra executada na Catedral de São Marcos, que inclui peças instrumentais, como faziam os Gabrielli.

Para este álbum foi escolhida a peça *Cantate Domino et Exultate*, a primeira obra sacra escrita pelo compositor, em 1625, ainda no estilo de Monteverdi, que alterna o canto declamado com um *ritornello* instrumental e termina com um exuberante aleluia.

O próximo compositor escolhido para esta gravação, Abbé Maximilian Stadler, tem uma biografia surpreendente. Nascido em 1748, na Áustria, e falecido em 1833, Stadler tornou-se um dos músicos mais importantes de seu tempo, embora não tão conhecido quanto Haydn ou Mozart. Quando se mudou para Viena, passou a manter relações constantes com a família de Mozart, então já falecido, bem como com Haydn, Beethoven e Schubert.

Logo após a morte de Mozart, sua mulher, Constanze, solicitou a Stadler que organizasse os papéis do marido. Assim, ele foi o primeiro a iniciar a catalogação das obras de Mozart, que, acredita-se, teve algumas partituras inacabadas completadas por Stadler.

Segundo Beethoven, pouco antes de falecer Stadler estava organizando um livro sobre a história da música austríaca, o que certamente seria uma obra pioneira.

Como compositor, ele revela facetas muito interessantes.

Experimentou coisas impensáveis para outros compositores da época, como a escrita de música aleatória, usando dados, e música étnica, fazendo arranjos de canções de dervixes de Mevlevi.

Excelente pianista, suas composições são de altíssimo nível. Stadler escreveu principalmente música vocal, a maior parte sacra, sobre texto em alemão, como em *Gott ist mein Hirt*, paráfrase do salmo 23.

Carl Loewe, compositor alemão que viveu entre 1796 e 1869, chegou a ser chamado em vida de "Schubert do Norte", título que ele aceitou de bom grado.

Esse é mais um compositor notável que, apesar de ter obtido muito reconhecimento em sua época, está injustamente esquecido nos dias de hoje.

Uma das teorias explica esse esquecimento dizendo que Loewe era um grande cantor-ator, que se apresentava com freqüência cantando sua própria música (raramente cantava obras de outros compositores) e fazia isso com tanto senso teatral que causava grande impressão. Em geral, suas canções eram longas baladas que contavam histórias, o que causava fácil comunicação com o público e explica por que seus recitais eram mais bem recebidos nos países de língua germânica. Portanto sua música seria mais apropriada a apresentações ao vivo que a gravações e, por isso, teria sido deixada de lado quando a era do gramofone chegou.

Loewe compôs muito, e toda sua obra é vocal. Escreveu várias óperas e obras sacras, como oratórios, *Salmos* e um *Te Deum.* Sobretudo, escreveu muitas canções.

Era católico devoto, de modo que toda sua música sacra tem um sincero sentimento de religiosidade, como podemos constatar nas canções *Wie gross ist des Allmächt'gen Güte!* e *Jünglings Gebet.*

Depois do "Schubert do Norte", vamos ao original, Franz Peter Schubert, que nasceu em 31 de janeiro de 1797, em Viena, e faleceu na mesma cidade em 19 de novembro de 1828, com apenas trinta e um anos de idade.

Aos dezessete anos, Schubert já acumulava experiência como cantor de coro e violinista de orquestra. Também havia composto uma sinfonia e uma ópera, sem nenhum sucesso. Decidiu então, em 19 de outubro de

1814, musicar um poema de Johann Wolfgang von Goethe, chamado "Gretchen am Spinnrade" (Gretchen à Roca, em português). Além de criar uma obra-prima, ele abriu as portas para sua verdadeira inspiração ao encontrar seu melhor meio de expressão. No ano seguinte, 1815, Schubert escreveu nada menos que cento e quarenta e quatro canções. Criava febrilmente, e chegou a fazer oito canções em um dia. Na sua curta vida escreveu mais de seiscentas, sendo cerca de duzentas compostas sobre poemas que ele já tinha musicado, o que comprova sua notável inspiração.

Apesar de não ter obtido sucesso com a ópera e nunca ter abordado o gênero concerto, Schubert figura entre os maiores compositores europeus de todos os tempos. Sua *Sinfonia Inacabada*, a nº 8, é absolutamente notável, e sua música de câmara e para piano tem obras igualmente admiráveis. No campo da música sacra, escreveu sete *Missas* e muitas outras peças.

Por ter falecido muito jovem, Schubert não chegou a ver a maioria de suas obras publicada ou sequer executada em público. Aqui estão registradas duas canções bem contrastantes, a fervorosa e estrófica *Die Gestirne* e a alegre *Gott im Frühling*.

As primeiras décadas do século XIX são um período especialmente brilhante para a música germânica. Além do talento magistral de Schubert, surge outro, um menino-prodígio comparado a Mozart: Felix Mendelssohn (1809-1847).

Além de grande compositor, Mendelssohn destacou-se também como organista, pianista e regente. Era um homem em profunda sintonia com seu tempo. Na mesma época em que Carl Maria von Weber inaugura, com *Der Freischütz*, a ópera romântica genuinamente alemã, Mendelssohn busca com seus conceitos entusiasticamente elevar o gosto musical do povo alemão.

A música sacra ocupa espaço de grande importância em sua obra e em sua vida.

Sua família, de origem judaica, formada de banqueiros e intelectuais, converteu-se ao cristianismo em 1816. Felix tinha, então, sete anos de idade, e apenas três anos depois ele escreveria música para o salmo 19. Mais tarde, entre 1834 e 1836, comporia seu primeiro oratório, chamado *São Paulo*. Para alguns estudiosos, a escolha desse tema aponta para uma analogia entre a conversão de Paulo e a da família Mendelssohn. Outros oratórios viriam em seguida: *Lobgesang* (1840), *Hear my Prayer* (1844), *Elias e Lauda Sion* (1846) e *Christus* (1847), deixado incompleto. Além dessas composições, Mendelssohn escreveu música coral para nove *Salmos*.

Compôs mais de setenta canções para uma e duas vozes. Aqui temos registrados o duo *Sonntagsmorgen* e os *Salmos* 25 e 90 para uma voz.

Contemporâneo de Mendelssohn, Robert Schumann (1810-1856) reforça o brilho da vida musical germânica nas primeiras décadas do século XIX. Assim como Mendelssohn, Schumann interessava-se por música e literatura. Ambos viveram na cidade de Leipzig, em cujo conservatório se conheceram e trabalharam: Mendelssohn como diretor e Schumann como professor. No entanto, a atuação deles ia muito além do trabalho de composição. Se Mendelssohn foi quem redescobriu a *Paixão Segundo São Mateus*, de Johann Sebastian Bach, foi Schumann quem encontrou o manuscrito original da então inédita *Sinfonia nº 9* de Schubert. Schumann, como Mendelssohn, preocupava-se com o padrão da música alemã, e chegou a fundar uma revista sobre música, que circulou por dez anos.

A música de Schumann é de grande personalidade e inovadora para a época. Suas canções, inconfundíveis, representam o máximo desse gênero, ao lado das de Schubert. Contudo, ao contrário de Schubert e Mendelssohn, o interesse de Schumann por música sacra foi pequeno. Escreveu apenas duas *Missas*, hoje raramente tocadas, e algumas poucas canções de cunho religioso. Para este CD foi escolhida a vigorosa canção *Talismane*, composta sobre poema de Goethe, um dos mais cultuados poetas entre os compositores do romantismo alemão.

Franz Wilhelm Abt foi um compositor alemão que viveu entre 1819 e 1885, também contemporâneo de Robert Schumann e Felix Mendelssohn, de quem foi amigo. Essa amizade se desenvolveu em Leipzig, para onde Abt se mudara ainda jovem a fim de estudar teologia e música.

Em Zurique, para onde se transferiu em 1841, destacou-se como regente de coro, conseguindo grande sucesso e popularidade na Europa e nos Estados Unidos.

A obra de Abt compreende mais de seiscentas composições, na maioria música vocal. Tinha grande facilidade para criar belas melodias, como atesta o duo *Der Sonntag*, presente neste CD.

Neste ponto deixamos a música germânica e vamos para a Rússia da segunda metade do século XIX, onde encontramos Anton Rubinstein (1829-1894), uma das mais importantes figuras da música européia daquela época.

Rubinstein destacou-se principalmente como grande pianista, um dos maiores de seu tempo, sendo comparado com freqüência a Franz Liszt.

Após viver alguns anos em Berlim e Viena, ele retorna à Rússia e inicia sua carreira pianística internacional, de enorme sucesso.

Preocupado em melhorar a educação musical de seu país, funda a Sociedade Musical Russa e em seguida o Conservatório de São Petersburgo.

Dotado de enorme facilidade para compor, deixou uma obra imensa, que merece ser reavaliada. São várias óperas, concertos, poemas sinfônicos, música de câmara e canções, como *Der Engel*, para duas vozes, aqui registrada.

Sempre que pensamos na canção de câmara do século XIX, imediatamente vêm à mente vários nomes de compositores alemães. De fato, o *lied*, uma das grandes criações da música de câmara germânica, surge no final do século XVIII e se firma no início do século XIX. A França só viria a consolidar uma tradição nesse campo um pouco mais tarde, tendo sido Charles Gounod (1818-1893) o verdadeiro fundador da canção erudita francesa, conforme afirmou Maurice Ravel.

De fato, Gounod, que sempre foi lembrado por suas óperas, dedicou-se muito à música sacra, seja escrevendo *Missas* de grande porte, seja compondo simples canções.

Desde muito cedo deixou-se influenciar pela música sacra européia. Tendo vivido em Roma quando jovem, foi fortemente impressionado pela música polifônica que ouviu na Capela Sistina, em especial pelas obras de

Palestrina. Ele declarava que o que mais admirou nessa música foi a ausência de artifícios, de vaidade, de coqueteria.

Além de Palestrina, outra influência importante na música de Gounod foi Bach. Quem lhe apresentou o mestre alemão foi ninguém menos que Felix Mendelssohn, que Gounod conheceu em 1843, em Leipzig. Não devemos esquecer que nessa época Bach estava sendo redescoberto, e Gounod sentiu-se profundamente impressionado ao ouvir algumas de suas obras que Mendelssohn executou ao órgão.

Quando voltou para a França, Gounod provavelmente era o compositor francês que mais conhecia a música sacra do passado europeu. Conta-se que, como organista em Paris, ao apresentar o repertório de Bach e Palestrina, causou estranheza ao público ouvinte, acostumado com obras sacras como o *Stabat Mater* de Rossini.

A ligação de Gounod com a música sacra ia além do interesse puramente artístico. Ele chegara a cogitar seriamente seguir a carreira sacerdotal, tendo freqüentado aulas de teologia durante alguns anos.

Compôs grande quantidade de música sacra: mais de quinze *Missas*, um réquiem, centenas de peças de menor extensão e dezenas de canções. Neste CD temos o belíssimo duo *D'un Coeur qui t'aime*, composto sobre texto de Racine.

Outro compositor francês escolhido para esta gravação é Camille Saint-Saëns (1835-1921), dezessete anos mais jovem que Gounod, que o encorajou a seguir a carreira musical. Criança-prodígio, Saint-Saëns encantou o público com suas interpretações refinadas de obras de Bach, Mozart, Haendel e Beethoven.

Quando Liszt ouviu Saint-Saëns improvisando ao órgão, declarou estar diante do maior organista do mundo!

Saint-Saëns, como Gounod, tinha o mesmo gosto pela ordem e pela clareza, que ambos consideravam típicas da música francesa. Experimentou, com sucesso, todos os gêneros em voga no século XIX: ópera, poema sinfônico, sinfonia, concerto, sonata, música de câmara, peças para piano e canções.

Embora na velhice tenha sido acusado de conservador e retrógrado, isso já em pleno século XX, não podemos deixar de reconhecer que, ainda no século XIX, foi um dos primeiros franceses a defender a obra de Wagner.

Deus Abraham, com texto em latim, que integra esta gravação, é uma de suas canções sacras para voz e órgão.

Voltamos à Alemanha com Josef Gabriel Rheinberger (1839-1901). Personalidade musical e humana extremamente admirada e respeitada em seu tempo, é outro compositor que merece ter sua obra redescoberta.

Nascido em Vaduz, Liechtenstein, viveu em Munique, Alemanha, tendo sido professor de composição no conservatório dessa cidade.

Embora tenha deixado uma obra extensa e de alta qualidade, Rheinberger não se tornou conhecido como compositor, talvez por causa de sua tenaz ligação com a tradição clássica, num tempo em que os compositores alemães procuravam avidamente por novidades.

A partir de 1877, quando assumiu o cargo de mestre-de-capela de Munique, Rheinberger escreveu grande número de obras sacras, como sonatas para órgão e canções, entre estas *Herr, du mein Gott*, aqui registrada.

Além de Francesco Cavalli, temos neste álbum mais um compositor italiano: Francesco Paolo Tosti (1846-1916).

Ele nos apresenta uma trajetória de vida e profissional muito interessante. Tendo recebido a formação erudita típica de seu tempo, no Real Colégio de Música de San Pietro a Maiella, em Nápoles, Tosti alcançou o sucesso com suas canções românticas. Esse tipo de composição, imitado por muita gente, tornou-se conhecido como "canção a la Tosti". *Help me to Pray*, presente neste CD, é um dos exemplos. Essa não é uma canção sacra, apenas no refrão há a invocação ao Senhor.

Muitos podem se perguntar por que esta canção leva um título em inglês. Ocorre que, tendo visitado a Inglaterra pela primeira vez em 1875, Tosti encontrou lá ambiente muito favorável ao seu trabalho e a partir de 1880 passou a viver naquele país, conseguindo êxito extraordinário. Logo foi indicado professor de canto de membros da família real, tornou-se cidadão britânico e recebeu a condecoração de Cavaleiro em 1908.

Tosti, dotado de grande facilidade melódica, foi um compositor prolífico, escrevendo cerca de quinhentas canções. Musicou, sempre com grande sucesso, textos em italiano, inglês e francês de poetas seus contemporâneos.

Em 1912, aposentou-se e deixou a Inglaterra para voltar a sua Itália, onde faleceu quatro anos depois.

Ferdinand Hummel (1855-1928) nasceu em Berlim e chamou a atenção do seu meio musical ao apresentar-se como criança-prodígio à harpa, com apenas sete anos de idade. Mais tarde estudou piano e composição e tornou-se conhecido como regente.

Compôs mais de cem obras, das quais se destacam sete óperas em estilo verista, uma sinfonia, música de câmara, música para cinema e teatro, além de muitas canções, que, como as de Tosti, também revelam grande facilidade melódica.

Compositor hoje esquecido, permanecem no repertório apenas algumas de suas canções sacras, como a triunfal *Halleluja!*, aqui registrada.

Walter Courvoisier (1875-1931), que nasceu em Riehen, Suíça, mudou-se para a Alemanha, estabelecendo-se como professor de composição em Munique.

Nunca desfrutou do mesmo prestígio de Rheinberger, mas é admirado por sua verve lírica. Sua obra situa-se no período wagneriano e segue o caminho de Hugo Wolf e Max Reger. Courvoisier compôs uma ópera, peças sinfônicas e músicas de câmara, mas o que mais se destaca em sua obra são as peças corais e as canções sacras. Muitas destas têm por base poemas medievais, como é o caso das duas primeiras desse autor aqui gravadas: *Ich stürbe gern aus Minne* e *Gott, Herr, ohn' allen Anfang Gott!* Esta coletânea se encerra com mais duas canções marcantes de Courvoisier, compostas sobre textos do poeta romântico alemão Joseph von Eichendorff.

Maestro João Maurício Galindo

Francesco Cavalli
Abbé Maximilian Stadler
Carl Loewe
Franz Schubert

Francesco Cavalli (1602-1676)
Cantate Domino et Exultate

Cantate Domino et exultate,
quia confundantur qui me persecuntur.
Lauda, anima mea, Dominum,
laudabo Dominum in vita mea.
Alleluia.

Abbé Maximilian Stadler (1748-1833)
Gott ist mein Hirt (salmo 23)

Gott ist mein Hirt, mir wird nichts mangeln,
er lagert mich auf grüner Weide,
er leitet mich an stillen Bächen,
er labt mein schmachtendes Gemüth,
und führt mich auf gerechtem Stege,
zu seines Namens Ruhm.

Und wall' ich auch im Todesschatten Thale,
so wall' ich ohne Furcht,
denn Du begleitest mich,
dein Stab und deine Stütze,
sind immerdar mein Trost.

Francesco Cavalli (1602-1676)
Cantai ao Senhor e Exultai

Cantai ao Senhor e exultai,
porque foram confundidos os que me perseguem.
Louva, minha alma, o Senhor,
louvarei o Senhor por toda minha vida.
Aleluia.

Abbé Maximilian Stadler (1748-1833)
Deus É o Meu Pastor (salmo 23)

Deus é o meu pastor, nada me faltará,
faz-me repousar em verdes pastos,
a águas serenas me conduz,
restaura minhas desfalecidas forças
e me guia por caminhos justos,
para a glória de Seu nome.

E ainda que eu andasse pelo vale da sombra da morte,
nada temeria,
porque tu me acompanhas,
o teu bastão e o teu cajado
sempre me consolam.

Du richtest mir ein Freudenmahl
im Angesicht der Feinde zu,
du salbst mein Haupt mit Oele
und schenkst mir volle Becher ein,

mir folget Heil und Seeligkeit,
in diesem Leben nach,
einst ruh' ich ew'ge Zeit,
dort in des Ew'gen Haus.

Carl Loewe (1796-1869)
Wie gross ist des Allmächt'gen Güte! (Ch. F. Gellert)

Wie gross ist des Allmächt'gen Güte!
ist der ein Mensch, den sie nicht rührt,
der mit verhärtetem Gemüte
den Dank erstickt, der ihn gebührt?

Nein, seine Liebe zu ermessen,
sei ewig meine grösste Pflicht;
der Herr hat mein noch nie vergessen,
vergiss mein Herz, auch seiner nicht!

Schau, o mein Geist, in jenes Leben,
zu welchem du erschaffen bist,
wo du, mit Herrlichkeit umgeben,
Gott ewig sehn wirst, wie er ist.

Para mim uma ceia preparas
em face dos meus inimigos,
minha cabeça com óleo unges,
e meu cálice transborda.

Ventura e redenção me acompanham
pela vida afora.
Por longos dias hei de repousar
na eterna morada.

Carl Loewe (1796-1869)
Grande É a Bondade do Todo-Poderoso! (Ch. F. Gellert)

Grande é a bondade do Todo-Poderoso!
Acaso há um homem que ela não comova,
que com empedernida índole
sufoque a gratidão a Ele devida?

Não, mensurar o seu amor
seja eternamente a minha maior obrigação;
o Senhor nunca me olvidou,
portanto, meu coração, não se esqueça dele!

Olha, ó espírito meu, aquela eterna vida
para a qual foste criado,
em que, de glória cercado,
para sempre verás a Deus tal como Ele é.

Du hast ein Recht zu diesen Freuden;
durch Gottes Güte sind sie dein.
Sieh, darum musste Christus leiden,
damit du könntest selig sein.

O Gott, lass deine Güt' und Liebe
mir immerdar vor Augen sein!
Sie stärk' in mir die guten Triebe,
mein ganzes Leben dir zu weihn;

sie tröste mich in Not und Schmerzen,
sie leite mich zu Zeit des Glücks,
und sie besieg' in meinm Herzen
die Furcht des letzten Augenblicks.

Jünglings Gebet **(Friedrich Rückert)**

Herr, der du alles wohl gemacht,
ich will nichts, was nicht du willst schenken.
Du machst es nicht, wie wir's gedacht;
du machst es besser, als wir's denken.

Mich geb' ich hier in deine Hand,
dass du mich meiner Liebsten gebest.
Du hast geschlungen dieses Band,
o dass du's immer fester webest!

Direito tens a tantas alegrias;
pela bondade divina elas são tuas.
Vê, por isso padeceu o Cristo,
para que bem-aventurado sejas.

Ó Deus, permite que a tua bondade e o teu amor
sempre estejam diante de meus olhos!
Eles em mim fortalecem a vontade
de te consagrar toda a minha vida;

na miséria e na dor me consolam,
guiam-me ao tempo da ventura
e, no meu coração, vencem
o medo do último instante.

Prece do Jovem **(Friedrich Rückert)**

Senhor, que tudo criaste,
eu nada quero que não me queiras dar.
Não o fazes tal como desejamos;
melhor o fazes do que possamos imaginar.

Aqui me entrego em tua mão
para que à minha amada me entregues.
Tu teceste esse vínculo,
ó, que ainda mais estreito o teças!

O ziehe nichtdie Hand zurück,
die du zum Heil mir ausgestrecket!
Du leitest mich zu meinem Glück;
Gib, dass dazu kein Weg mich schrecket.

Soll ich mit ihr auf Rosen gehn?
Den Dornenpfad? Ich geh' in Frieden.
Und sollen wir getrennet stehn,
lass uns im Himmel ungeschieden!

Franz Schubert **(1797-1828)**
Gott im Frühling **(Johan Peter Uz)**

In seinem schimmernden Gewand
hast du den Frühling uns gesandt,
und Rosen um sein Haupt gewunden.

Holdlächelnd kommt er schon!
Es führen ihn die Stunden,
o Gott, auf seinen Blumenthron.

Er geht in Büschen, und sie blühn;
den Fluren kommt ihr frisches Grün,
und Wäldern wächst ihr Schatten wieder,

Oh, não retires a mão
que estendeste para a minha salvação!
Tu me conduzes à felicidade;
permite que nenhum caminho me assuste.

Seguirei com ela o caminho de rosas
ou de espinhos? Eu irei em paz.
Mas, se acaso permanecermos separados,
permite que nos unamos no céu!

Franz Schubert (1797-1828)
Deus na Primavera (Johan Peter Uz)

Em deslumbrante roupagem
enviaste-nos a primavera,
com a cabeça coroada de rosas.

Sorrindo, graciosamente, ela chega!
As horas, ó Deus, a conduzem
ao seu trono florido.

Ela chega, e os arbustos florescem,
as campinas verdejam,
e os bosques voltam a dar sombra,

der West, liebkosend, schwingt
sein thauendes Gefieder,
und jeder frohe Vogel singt.

Mit eurer Lieder süssem Klang,
ihr Vögel, soll auch mein Gesang
zum Vater der Natur sich schwingen.

Entzückung reisst mich hin!
Ich will dem Herrn lobsingen,
durch den ich wurde, was ich bin!

Die Gestirne (Friedrich Gottlieb Klopstock)

Es tönet sein Lob Feld und Wald, Tal und Gebirg,
das Gestad' hallet, es donnert das Meer dumpf brausend
des unendlichen Lob, siehe des Herrlichen,
Unerreichten von dem Danklied der Natur!

Es rauschet der Hain, und sein Bach lispelt es auch
mit empor preisend, ein Feirer, wie er, die Luft
weht es zu dem Bogen mit auf hoch in der Wolke
ward der Erhaltung und der Huld Bogen gesetzt.

a brisa, amorosamente, balança
sua orvalhada plumagem,
e os pássaros cantam alegremente.

Com a vossa doce música,
ó pássaros, também a minha canção
há de se alçar ao Pai da natureza.

O fascínio me arrebata!
Eu cantarei a glória do Senhor,
graças ao qual sou o que sou!

As Estrelas **(Friedrich Gottlieb Klopstock)**

Cantam a sua glória campo e bosque, vale e monte,
ressoa a praia, o mar troveja com abafado fragor
seu eterno louvor, e o esplendoroso,
o inalcançável se manifestam no canto de gratidão da natureza!

Sussurram a mata e o córrego,
erguendo seu louvor; também, festivamente, o vento
sopra rumo às alturas! Nas altas nuvens se manifestam
a vida e a graça.

Wer gab Melodie, Leyer dir? zog das Getön
und das Gold himmlischer Saiten dir auf? Du schallest
zu dem kreisenden Tanz, welchen, beseelt von dir,
der Planet hält in der Laufbahn um dich her.

Ich preise den Herrn! preise den, welcher des Monds
und des Tods kühlender, heiliger Nacht, zu dämmern,
und zu leuchten! gebot. Erde, du Grab, das stets
auf uns harrt, Gott hat mit Blumen dich bestreut!

Quem te deu melodia, lira? Quem te deu o tom
e afinou tuas celestiais cordas de ouro? Ressoas
ao bailado circular que, animado por ti,
conserva o planeta em órbita ao teu redor.

Eu exalto o Senhor! Louvo aquele que ordena
a noite fria e santa da Lua e da morte a escurecer
e luzir! Terra, túmulo que sempre nos espera,
Deus te cobriu de flores!

Felix Mendelssohn
Robert Schumann
Franz Abt
Anton Rubinstein
Charles Gounod
Camille Saint-Saëns

Felix Mendelssohn (1809-1847)
Sonntagsmorgen op. 77 nº 1 (Ludwig Uhland)

Das ist der Tag des Herrn!
Ich bin allein auf weiter Flur,
noch eine Morgenglocke nur,
nun Stille nah und fern.

Anbetend knie ich hier.
O süsses Graun! Geheimes Wehn!
Als knieten viel ungesehn
und beteten mit mir.

Der Himmel nah und fern,
er ist so still und feierlich,
so ganz als wollt er öffnen sich.
Das ist der Tag des Herrn.

Doch der Herr, er leitet op. 112 nº 1 (salmo 25)

Doch der Herr, er leitet die Irrenden recht.
Er lehret die Irrenden seine Weg'.
Alle die dich fürchten, Herr,
du wirst sie unterweisen den besten Weg,
und ihre Seele wird im Guten wohnen.

Felix Mendelssohn (1809-1847)
Manhã de Domingo op. 77 nº 1 (Ludwig Uhland)

Hoje é o dia do Senhor!
A sós estou na ampla campina,
mais um badalar do sino matinal,
e então silêncio aqui e ao longe.

Em adoração, aqui me ajoelho.
Oh doce tremor! Sopro secreto!
Como se muitos, invisíveis, comigo
se ajoelhassem e orassem.

Aqui e ao longe, o céu
é tão sereno e solene
como se estivesse prestes a se abrir.
Hoje é o dia do Senhor.

O Senhor Reconduz op. 112 nº 1 (salmo 25)

O Senhor reconduz os extraviados.
O caminho ensina aos desgarrados.
A todo aquele que te teme, Senhor,
apontas o melhor caminho,
e sua alma há de habitar o bem.

Der du die Menschen lässest sterben op. 112 nº 2 (salmo 90)

Der du die Menschen lässest sterben und sprichst
Kommt wieder, Menschenkinder!
Du lässest sie dahinzieh'n wie einen Strom,
sie sind wie ein Schlaf, gleich wie ein Gras,
das frühe blühet und bald welk wird.

Robert Schumann (1810-1856)
Talismane op. 25 nº 8 (Goethe)

Gottes ist der Orient!
Gottes ist der Occident!
Nord und südliches Gelände
ruht im Frieden seiner Hände.

Er, der Einzige Gerechte,
will für jerdermann das Rechte.
Sei von seinen hundert Namen
dieser hochgelobet! Amen.

Mich verwirren will das Irren;
doch du weisst mich zu entwirren.
Wenn ich handle, wenn ich dichte,
gib du meinem Weg die Richte!

Tu que Deixas os Homens Morrer op. 112 nº 2 (salmo 90)

Tu que deixas os homens morrer e dizes:
venham a mim, filhos dos homens!
Tu os deixas ser levados como uma torrente.
Eles são como um sono, são como a erva
que de manhã germina e logo mais fenece.

Robert Schumann (1810-1856)
Talismãs op. 25 nº 8 (Goethe)

Deus é o Oriente!
Deus é o Ocidente!
As terras do norte e do sul
em paz repousam nas suas mãos.

Ele, o único justo,
quer para todos a justiça.
Entre os inúmeros nomes seus,
glorificado seja este! Amém.

O erro quer me confundir,
mas Tu bem sabes me conduzir.
Quando ajo, quando penso,
dá rumo ao meu caminhar!

Franz Abt (1819-1885)
Der Sonntag op. 132 (anônimo)

Der Liebe Sonntag ist nun da,
der heilige Tag des Herrn;
in hoher Feier ruht die Welt
und still ist's nah und fern.

Die Vöglein nur in Wald und Flur
die können nimmer schweigen
sie zwitschern auf allen Zweigen,
und singen heute noch viel mehr.

Allein Gott in der Höh sei Ehr!

Die Glocke ruft zum Gotteshaus,
die frommen Schaaren ziehn,
statt Palmen tragen Rosen sie,
dazu auch Rosmarin.

So ziehn sie hin mit frommen Sinn
Das Auge strahlet heute,
in sehliger Himmelsfreude,
und in den Herzenklingt's so hehr.

Allein Gott in der Höh sei Ehr!

Franz Abt (1819-1885)
O Domingo op. 132 (anônimo)

Eis que chega o querido domingo,
o dia sagrado do Senhor;
solenemente descansa o mundo,
aqui e ao longe, tudo é paz.

Apenas os passarinhos no bosque e no campo
não se calam jamais,
gorjeiam em cada ramo,
e hoje cantam ainda mais.

Glória a Deus nas alturas!

À casa de Deus o sino chama,
A multidão devota acode.
Em vez de palmas levam rosas,
e também alecrim.

Assim caminham com fervoroso ânimo,
com brilho nos olhos,
em bem-aventurada alegria celestial,
e música sublime no coração.

Glória a Deus nas alturas!

Anton Rubinstein (1829-1894)
Der Engel (anônimo)

Es schwebte ein Engel den Himmel entlang
und himmlische Lieder er sang,
der Mond, und die Sterne in leuchtenden Höh'n,
sie lauschten dem heil'gen Getön.

Er sang von der Wonne, dem himmlischen Heil
das sündlosen Geistern zu Theil,
vom Ruhme des Herrn, des Ew'gen, erklang
sein weihevol hehrer Gesang.

Er trug eines Kindes Seele im Arm
zur Erde voll Thränen und Harm,
und es prägt sein Gesang unvergänglich und rein,
der Seele des Kindes sich ein.

Und lange wohl währte ihr irdischer Lauf,
doch wundersam zog sie's hinauf
und nimmer ersetzt ihr ein ird'scher Gesang,
den ersten, den heiligen Klang.

Anton Rubinstein (1829-1894)
O Anjo (anônimo)

Um anjo pairava no céu
e cantava músicas celestiais,
a Lua e as estrelas, a cintilar nas alturas,
escutavam as santas melodias.

Ele cantava o deleite, a celestial bem-aventurança,
que aos espíritos sem pecado cabe,
a glória do Senhor, do Eterno, ressoava
solenemente em seu canto sagrado.

À Terra repleta de lágrimas e dissabores
trazia nos braços a alma de uma criança,
e seu canto puro e imortal
impregnava-se na alma da criança.

E por mais que dure o seu terreno percurso,
e por maravilhoso que lhe seja,
para ela jamais um canto terreno
há de se igualar à primeira e santa melodia.

Charles Gounod (1818-1893)
D'un Coeur qui t'aime (Racine)

D'un Coeur qui t'aime, mon Dieu
qui peux troubler la paix?
Il cherche en tout ta volonté suprême
et ne se cherche jamais!

Sur la terre, dans le ciel même,
est-il d'autre bonheur
que la tranquille paix
d'um coeur qui t'aime?

Invocation (O. Pradère)

Avant de quitter ces lieux,
sol natal de mês aïeux,
à toi Seigneur et Roi des cieux,
ma soeur je confie,
daigne de tout danger,
toujours la protéger.

Délivré d'une triste pensée
j'irai chercher la gloire
au sein des enenmis.
Le premier, le plus brave
Au fort de la mélée,

Charles Gounod (1818-1893)
De um Coração que Te Ama (Racine)

De um coração que te ama, meu Deus,
quem pode perturbar a paz?
Ele procura em tudo tua suprema vontade
e jamais busca a si mesmo!

Sobre a Terra, no próprio céu,
existe maior felicidade
que a tranqüila paz
de um coração que te ama?

Invocação (O. Pradère)

Antes de afastar-me destas terras,
solo natal de meus ancestrais,
a ti, Senhor e Rei dos céus,
minha irmã eu confio.
Dignai-vos protegê-la sempre
de todo perigo.

Liberto de uma triste preocupação,
irei buscar a glória
no seio de meus inimigos.
O primeiro, o mais valente
no auge da batalha,

j'irai combattre pour mon pays,
et si, vers lui, Dieu me rappelle,
je veillerai sur toi fidèle,
ô Marguerite!

Camille Saint-Saëns (1835-1921)
Deus Abraham

Deus Abraham, Deus Isaac,
et Deus Jacob vobiscum sit:
et ipse conjungat vos,
impleatque benedictionem suam in vobis.
Beati omnes qui timent Dominum,
qui ambulant in viis ejus.

irei combater por meu país.
E, se Deus me chamar para junto dele,
eu fielmente velarei por ti,
ó Margarida!

Camille Saint-Saëns (1835-1921)
Deus de Abraão

O Deus de Abraão, de Isaac
e de Jacó esteja convosco,
e Ele vos una,
e vos encha com sua bênção.
Felizes todos os que temem o Senhor
e seguem os seus caminhos.

Josef Gabriel Rheinberger
Francesco Paolo Tosti
Ferdinand Hummel
Walter Courvoisier

Josef Gabriel Rheinberger (1839-1901)
Herr, du mein Gott op. 128 nº 2 (Jesus Sirach 51, 13-17 e texto litúrgico)

Herr, du mein Gott!
Du hast erhöht mein irdisch Haus,
da ich betete um Erlösung von dem Tode.

Ich rief den Herrn an, den Vater meines Herrn,
dass er mich lasse nicht ohne Hülfe
am Tage meiner Trübsal.

Zur Zeit, da mich verfolgen die Stolzen,
will ich loben deinen Namen ohne Unterlass
und ihn preisen mit Danksagung.

Herr, du mein Gott, du hast mich erhört,
hast mich erlöset aus Gefahr und bittrer Not,
hast errettet mich von sichrem Tod.

Glückselig, die in Unschuld gehn,
die wandeln im Gesetzt des Herrn,
darob will ich lobpreisen dich,
mein Herr und Gott!

Josef Gabriel Rheinberger (1839-1901)
Senhor, Meu Deus op. 128 nº 2 (Jesus Sirach 51, 13-17 e texto litúrgico)

Senhor, meu Deus!
Tu erigiste minha casa terrena,
embora eu pedisse libertação da morte.

Roguei ao Senhor, ao Pai do meu Senhor,
que não me deixasse sem auxílio
no dia da minha aflição.

Agora que me perseguem os soberbos,
quero louvar o teu nome sem cessar
e glorificá-lo com gratidão.

Senhor, meu Deus, tu me atendeste,
me livraste do perigo e do amargo padecer
e me salvaste da morte certa.

Benditos os que vivem na inocência,
os que trilham a lei do Senhor;
por isso te quero louvar,
meu Senhor e Deus!

Francesco Paolo Tosti (1846-1916)
Help me to Pray (Frederic E. Weatherly)

What of the night, o heart, my heart?
the night is wild, the roads divide,
and duty tells me we must part
while Love stands weeping at my side.
O mother, come from heaven thy home,
be near me, for my footsteps stray,
o let me kneel as once I knelt,
and pray as once I used to pray:

"Father, in our tribulation,
when our way is lost in night,
in the time of our temptation,
strengthen us and give us light".

Mother, the night, the night is long,
and Love is calling sweet and low;
I am so weak and Love so strong,
O mother, guard me lest I go.
O mother, help me, pray for me,
my heart will break, the storm is wild,
o hold me in thy arms to thee,
and pray with me as when a child:

Francesco Paolo Tosti (1846-1916)
Ajuda-me a Rezar (Frederic E. Weatherly)

E a noite, ó coração, coração meu?
A noite é tempestuosa, os caminhos se dividem
e o dever exige que nós nos separemos,
enquanto o Amor, a chorar, permanece ao meu lado.
Ó mãe, desce do céu, tua casa,
aproxima-te, pois meus passos se desnorteiam,
faz que eu me ajoelhe, como antigamente,
e reze, como outrora costumava rezar:

"Pai, em nossas atribulações,
quando o rumo se perde na noite,
na hora da nossa tentação,
dai-nos força e dai-nos luz!"

Mãe, a noite é longa;
e o Amor, terno e humilde, chama;
eu sou tão fraco, e o Amor é tão forte,
ó mãe, impede-me de partir.
Ó mãe, ajuda-me, reza por mim,
meu coração se despedaça, a tempestade é selvagem,
ampara-me fortemente entre teus braços,
e reza comigo como quando eu era criança:

"Father, in our tribulation,
when our way is lost in night,
in the time of our temptation,
strengthen us and give us light".

Ferdinand Hummel (1855-1928)
Halleluja! op. 73 (Felix Philippi)

Dir Herr! Dir Herr!
Herr dir sei dies Haus geweiht!
Wir danken dir in Ewigkeit!
Und rufen dir in Demut zu:
Halleluja! Halleluja!

Was Menschengeist auch hat ersonnen,
was hehrste Kunst auch hat erdacht,
durch deine Gnade ward's vollbracht!

Walter Courvoisier (1875-1931)
Ich stürbe gern aus Minne (Mechthild von Magdeburg – 1272-1294)

Ich stürbe gern aus Minne,
könnt es mir geschehen;
denn jenen, den ich minne,
den habe ich gesehen
mit meinen lichten Augen
in meiner Seele stehen.

"Pai, em nossas atribulações,
quando o rumo se perde na noite,
na hora da nossa tentação,
guia-me com vossa luz celeste".

Ferdinand Hummel (1855-1928)
Aleluia! op. 73 (Felix Philippi)

A ti, Senhor! A ti, Senhor!
Senhor, a ti seja dedicada esta casa!
Nós te agradecemos eternamente!
E com humildade clamamos:
Aleluia! Aleluia!

Tudo o que foi concebido pelo espírito humano,
e criado como a mais elevada arte,
pela tua benevolência realizou-se!

Walter Courvoisier (1875-1931)
Com Gosto Eu Morreria de Amor (Mechthild von Magdeburg – 1272-1294)

Com gosto eu morreria de amor,
pode ser que suceda;
pois aquele que eu amo,
aquele eu vi
claramente com meus olhos
em minha alma.

Nun mag ich nimmer denken der Erdenzeit,
noch sonst an irgend ein tief Herzeleid.
Ich dachte einst, wenn ich dich sehe droben,
will ich dir viel von Erdenschmerz und Jammer klagen:

nun hat mich, Herr, dein Anblick
ganz und gar geschlagen,
denn du hast mich weit über mich
und meine Menschlichkeit erhoben.

Gott, Herr, ohn' allen Anfang Gott! **(Meister Friedrich von Sunenburg – 1250)**

Gott, Herr, ohn' allen Anfang Gott!
und auch ohn' Ende gar,
allmächt'ger König, des Mägdleins Kind,
und Herr ob aller Engel Schar,
dein Lob nie Menschensinn umgreift
noch ein Geschöpf deiner Hand.

Der endlosen Höhe ein Dach,
du Herr, du allmächtiger,
bist der grundlosen Tiefe ein Boden,
durch alle Sinne sehende List,
um alle Weite ein ganzer Reif,
der nirgend ein Ende fand.

Pode ser que, neste mundo, não volte a pensar
em nenhum outro padecer profundo.
Pensava outrora que, quando lá em cima te encontrar,
muito haveria de me queixar das dores e aflições terrenas.

Mas agora, a tua visão, Senhor,
arrebatou-me inteiramente,
pois Tu me elevaste muito acima de mim
e da minha humanidade.

Deus, Senhor, Deus sem Princípio! **(Meister Friedrich von Sunenburg – cerca de 1250)**

Deus, Senhor, Deus sem princípio
e também sem nenhum fim!
Rei Todo-Poderoso, filho da donzela,
e Senhor acima de toda a legião de anjos,
o teu louvor não compreende a razão humana
nem qualquer criatura da tua mão.

Teto das mais infinitas alturas,
Tu, Senhor Todo-Poderoso,
és o chão das profundezas sem fim,
astúcia que todos os sentidos penetra,
anel que toda magnitude cinge,
aquele que em parte alguma teve fim.

Dazwischen hast du alle Ding gezählt
und auch erkannt;
was du erfassen, wissen willst,
darauf ruht deine Hand.

Dein ist das Finstre und das Licht.
Dein ist der Tod! Du bist das Leben,
du, Herr, ob allen Tugenden,
du kannst ewige Ehre uns geben.

Ruhe in Gott **(Joseph von Eichendorff)**

Wie oft wollt' mich die Welt ermüden,
ich beugt' auf's Schwert mein Angesicht
und bat Dich frevelhaft um Frieden.
Du wusstest's besser, gabst ihn nicht.

Ich sah in Nacht das Land vergehen,
in Blitzen Du die Wetter brachst,
da konnt ich schauernd erst verstehen,
was Du zu mirErschrock'nem sprachst!

"Meine Lieder sind nicht deine Lieder,
leg ab den falschen Schmuck der Zeit
und nimm dasKreuz, dann komme wieder
in deines Herzens Einsamkeit."

Todas as coisas enumeraste
e também reconheceste;
naquilo que queres compreender, saber,
repousa a tua mão.

Tuas são as trevas e a luz.
Tua é a morte! Tu és a vida,
Tu, Senhor, acima de todas as virtudes,
honra eterna nos podes dar.

Repouso em Deus (**Joseph von Eichendorff**)

Quantas vezes quis me fadigar o mundo,
eu inclinava o rosto sobre a minha espada
e, infame, te pedia paz.
Tu sabias melhor, e a paz não me deste.

Vi a terra desmanchar-se na noite,
a raios Tu reduziste o tempo;
só então pude, trêmulo, entender
o que me dizias no meu pavor:

"Minhas canções não são tuas canções,
abandona as falsas jóias do tempo,
toma a cruz e então retorna
à solidão do teu coração".

Und alle Bilder ferne treten,
und tief noch rauschet kaum die Rund';
wie geht ein wunderbaren Beten
mir leuchtend durch der Seele Grund!

Aufblick (Joseph von Eichendorff)

Vergeht mir der Himmel vor Staube schier.
Herr, im Getümmel zeig' dein Panier!
Wie schwank ich sündlich,
lässt du von mir:
Unüberwindlich bin ich mit dir!

E todas as imagens se desfazem ao longe,
e mal se ouve o sussurrar do orbe;
como uma oração maravilhosa,
me trespassa, luminosamente, a profundeza da alma!

Erguendo a Vista (Joseph von Eichendorff)

Desvanece-me o céu livre de poeira.
Senhor, em pleno tumulto, mostra o teu estandarte!
Quão fraco sou eu, pecador,
se me abandonas;
invencível sou se estás comigo!

WALTER WEISZFLOG – barítono

Walter Weiszflog iniciou seus estudos musicais na Escola Magda Tagliaferro, em São Paulo, e formou-se em direito pela Universidade de São Paulo, antes de prosseguir seus estudos no exterior.

Obteve o diploma do Royal College of Music, de Londres, e o Master of Music pela Universidade do Tennessee, Estados Unidos. Participou das Master Classes de Franco Iglesias e integrou a Sociedade Brasileira de Ópera. Mais recentemente tem trabalhado sob orientação de Helly-Anne Caran.

Realizou gravações para a Rádio e Televisão Cultura de São Paulo. Registrou em CD o ciclo *Jardim do Amor e da Paixão*, de Almeida Prado, com o compositor ao piano, e canções sacras nos CDs *Cânticos de Natal, Cânticos à Virgem Maria, Salmos do Rei Davi, Cânticos ao Divino Redentor, Cânticos ao Pai Celestial, Cânticos ao Amor Divino, Cânticos ao Menino Jesus* e *Cânticos à Rainha do Céu,* com Selma Asprino ao órgão.

SELMA ASPRINO – organista

Selma Asprino diplomou-se em piano pelo Conservatório Dramático e Musical de São Paulo e em órgão pela Faculdade de Música Santa Marcelina. O governo do Estado de São Paulo conferiu-lhe o certificado pelo Curso de Alta Interpretação do Canto de Câmara e da Arte de Acompanhar.

A sua intensa atividade musical levou-a a atuar em todo o país e no exterior, em concertos corais e sinfônicos, música de câmara e como solista de órgão. Realizou gravações para a Rádio e Televisão Cultura de São Paulo e vários registros em CD, destacando-se *Selma Asprino interpreta Furio Franceschini,* primeira gravação mundial da obra sacra para órgão desse compositor brasileiro.

Selma Asprino é diretora musical e organista titular da Igreja Presbiteriana Jardim das Oliveiras e integra o corpo docente do Conservatório Dramático e Musical de São Paulo.

Agradecimentos

Alfredo Weiszflog, Ilka Brunhilde Laurito, Joaquim F. Pereira, Luiz Antônio de Araújo e Wagner Carneiro

Apoio cultural

HOSMIL - VISCOUNT ORGANS

Ficha técnica
Technical index

Concepção do projeto e pesquisa musical
Project conception and musical research
Walter Weiszflog

Produção musical
Musical production
Marcelo Spínola

Projeto gráfico do livro
Booklet design
Bruno Weiszflog

Tradução dos poemas
Translation of the poems:
Ilka Brunhilde Laurito (13-14, 17)
Joaquim F. Pereira (1, 15)
Luiz Antônio de Araújo (2-12, 16, 18-22)

Técnicos de gravação
Recording technicians
Silvano Cunha e Vanderlei Pena

Edição, mixagem e masterização
Edited, mixed and mastered
Marcelo Spínola

Gravação
Recorded at
Paulinas – COMEP, São Paulo, Brasil – junho de 2008.

Produtor fonográfico
Recording producer

CLAVICORDE
RECORDS

E-mail: clavicorderecords@uol.com.br – Tel./Fax: 55 19 3255-4230

Imagens

Images

capa: *Deus o Pai*, 1779 – óleo sobre tela, Batoni, Pompeo Girolamo (1708-87) / Basildon Park, Berkshire, UK, National Trust Photographic Library/John Hammond / The Bridgeman Art Library – pág. 16: *Junho* por George Inness (1882) © Brooklyn Museum/Corbis/LatinStock Brasil – pág. 30: *O Rio Hudson no Outono* por Regis Francois Gignoux (1868) © Brooklyn Museum/Corbis/LatinStock Brasil – pág. 44: *O jardim do artista em Giverny* por Claude Monet (1900) © The Art Archive/Corbis/ LatinStock Brasil – demais imagens: Alfredo Weiszflog.